L'abominable livre des horreurs

John Dinneen
Illustrations d'Allan Stomann
Texte français de Lucie Duchesne

Scholastic-TAB Publications Ltd.,
123 Newkirk Road, Richmond Hill, Ontario, Canada

Table des matières

ISBN 0-590-71824-X

Titre original: The Make Your Own Creepy Spooky Horrors Book

Édition publiée par Scholastic-TAB Publications Ltd., 123 Newkirk Road, Richmond Hill, Ontario, Canada L4C 3G5, avec la permission d'Angus & Robertson Publishers.

4321   Imprimé au Canada   789/8

ormes gluantes

omment fabriquer d'horribles objets gluants

ut d'abord, tu dois préparer
ne belle substance gluante
t visqueuse avec:

**1 tasse
(250 mL)
de farine**

**1/4 de tasse
(50 mL)
de sel**

Un peu d'huile

1 bol

ACCEPTERIEZ-
VOUS CETTE
VALSE ?

Mélange tous les
ingrédients dans le bol.
Ajoute assez d'eau
pour que la substance
ne colle plus aux doigts.

Ajoute ensuite
du colorant alimentaire
ou de la peinture
en poudre.

HUILE
D'OLIVE

Formes
horribles

Façonne cette substance
en des formes horribles.

Sensations fortes

IL TE FAUT:

Des sacs de plastique (pas transparents) et un objet à placer dans chacun, pour que les gens touchent l'objet et devinent ce que c'est.

Suggestions:

Éponge humide

Chou-fleur

Gélatine ou gelé

Pomme de pin

Saucisse crue

Plumes

Spaghetti froid

C'EST UN OEIL DE CHIEN !

POUAH!

BEURK!

Serre le haut du sac en laissant juste assez d'espace pour qu'on puisse y glisser la main. Mets du ruban adhésif autour du sac.

Le gagnant est celui qui devine le plus grand nombre d'objets. Tu peux rendre le jeu encore plus apeurant en disant : «C'est le doigt du mort», «C'est son cerveau», etc.

Ruban adhésif

Masques

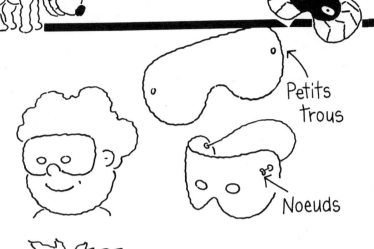

IL TE FAUT:

Des ciseaux, du papier fort et de l'élastique.

Dans du papier fort, découpe la forme du masque pour qu'il s'ajuste à ton visage.

Avec soin, perce des trous pour les yeux.

Perce un petit trou de chaque côté du masque; passe un élastique par l'arrière du masque et noue-le.

Mets le masque pour mesurer la longueur d'élastique qu'il te faudra, coupe l'élastique et noue-le.

Tu peux peindre ton masque ou y coller des formes découpées dans du papier, comme des chauves-souris, des araignées ou des têtes de morts.

Petits Trous

Noeuds

Masques

IL TE FAUT:

Des ciseaux, du papier fort ou du carton, et de l'élastique.

Dans du papier fort, découpe les formes pour qu'elles s'ajustent à ton visage, comme sur l'illustration.

Resserre bien l'élastique de la mâchoire inférieure pour qu'elle suive les mouvements de ta propre mâchoire.

Dessine ou peins une figure de monstre sur ton masque.

Élastique

Mâchoire inférieure

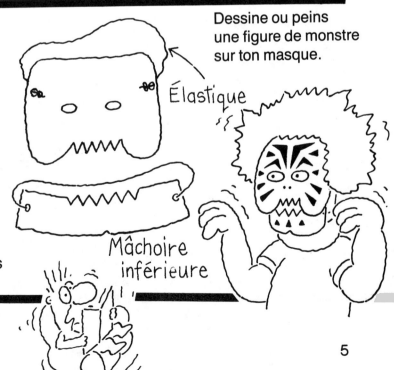

Fantôme ou démon

IL TE FAUT:

Du papier journal, un vieux drap, du papier crépon ou un sac de plastique, un élastique ou de la ficelle, de la peinture ou un masque pour la figure.

Ensuite, peins ou colle une figure à ton fantôme, ou fabrique-lui un masque.

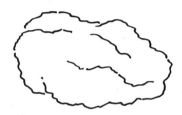

Façonne le papier journal pour lui donner la forme d'une saucisse un peu aplatie.

Recouvre le papier journal avec du papier crépon ou du plastique.

Mets l'élastique ou attache la ficelle autour du cou.

Ton fantôme est maintenant prêt à effrayer tous tes amis.

Bijoux monstrueux

Tout le monde sera désagréablement surpris par les bijoux monstrueux.

IL TE FAUT:

La même substance visqueuse utilisée pour faire les horribles formes gluantes à la page 3. Tu dois cependant rendre le mélange un peu plus ferme en ajoutant plus de farine et en mettant moins d'eau.

Façonne de petites formes horribles. Avec une aiguille à tricoter ou un clou, fais un trou dans chaque forme pour pouvoir ensuite l'enfiler et fabriquer des bijoux.

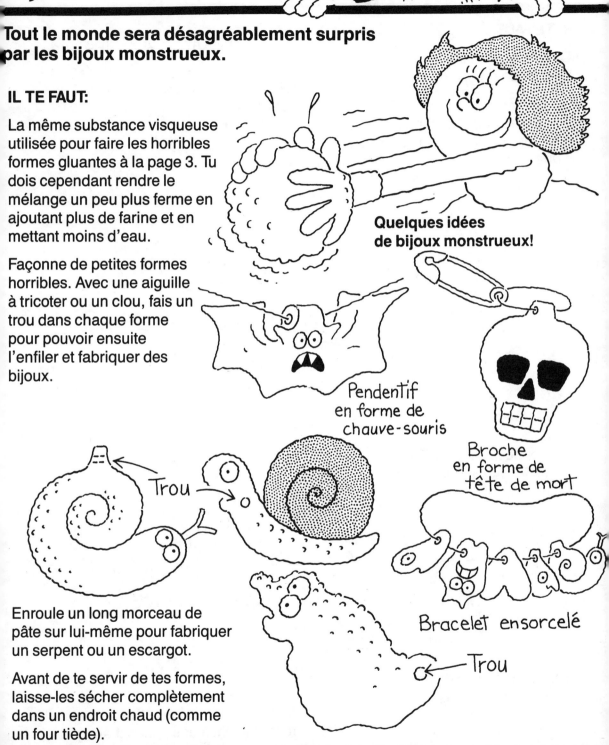

Quelques idées de bijoux monstrueux!

Pendentif en forme de chauve-souris

Broche en forme de tête de mort

Trou

Bracelet ensorcelé

Trou

Enroule un long morceau de pâte sur lui-même pour fabriquer un serpent ou un escargot.

Avant de te servir de tes formes, laisse-les sécher complètement dans un endroit chaud (comme un four tiède).

Araignée géante

IL TE FAUT:

Cinq cure-pipes, du papier journal, de la colle et de la peinture.

Roule bien serré du papier journal pour faire une balle de la grosseur d'une prune.

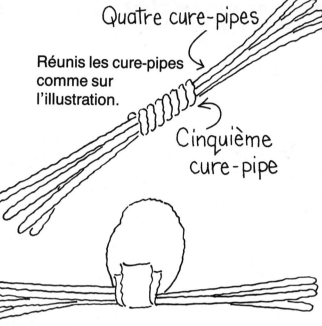

Quatre cure-pipes

Réunis les cure-pipes comme sur l'illustration.

Cinquième cure-pipe

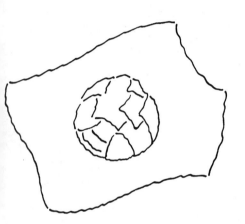

Fixe la boule de papier journal aux cure-pipes à l'aide de deux ou trois bandes de papier encollé.

Enveloppe la balle dans une autre feuille de papier journal pour rendre la surface lisse.

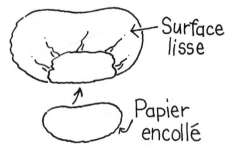

Surface lisse

Papier encollé

Colle un morceau de papier pour maintenir la feuille en place.

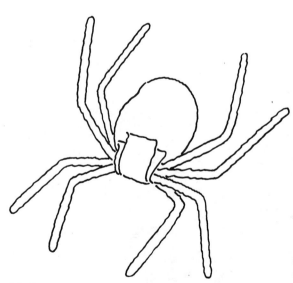

Maintenant, plie les pattes pour qu'elles ressemblent à des pattes d'araignée.

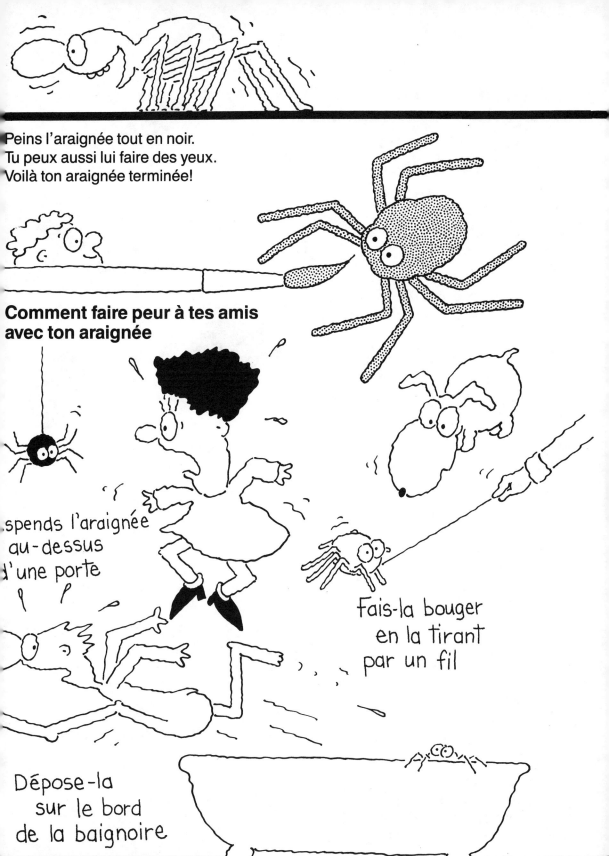

Peins l'araignée tout en noir.
Tu peux aussi lui faire des yeux.
Voilà ton araignée terminée!

Comment faire peur à tes amis avec ton araignée

spends l'araignée au-dessus d'une porte

Fais-la bouger en la tirant par un fil

Dépose-la sur le bord de la baignoire

Chauves-souris

Il est très facile de réaliser des chauves-souris.

Tu trouveras ici deux façons de les fabriquer.

Tu verras aussi comment faire un mobile avec des chauves-souris.

N'oublie pas que les chauves-souris sont encore plus effrayantes quand on baisse l'éclairage.

COMMENT FABRIQUER UNE CHAUVE-SOURIS
D'abord une méthode rapide et facile.
IL TE FAUT:

Du papier ou un sac de plastique, du ruban adhésif et des ciseaux.

Découpe un carré dans du plastique noir ou dans du papier crépon ou un papier mince.

50 cm

Replie deux des côtés vers l'intérieur pour faire le cou et fixe-les avec du ruban adhésif.

Plie un coin pour faire la queue et fixe-la avec du ruban adhésif.

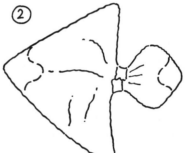

Ta chauve-souris est maintenant terminée . Prépare-toi à effrayer tout le monde!

Plie l'autre coin vers l'intérieur pour faire les oreilles et fixe-les avec du ruban adhésif.

UNE AUTRE FAÇON DE FABRIQUER UNE CHAUVE-SOURIS

IL TE FAUT:

Du papier noir, des ciseaux et une règle, de la ficelle et du ruban adhésif pour suspendre les chauves-souris.

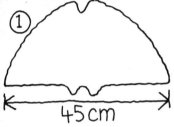
① 45 cm

Découpe une forme comme celle-ci dans du papier.

Frise chaque aile comme sur l'illustration.

② Appuie la règle sur la table.

Tire sur l'aile.

Fil de coton ou de nylon

Boucle

③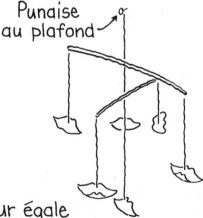
Plie les oreilles.

Fixe la chauve-souris au fil à l'aide de ruban adhésif. Ajuste la position du ruban adhésif pour que la chauve-souris soit en équilibre.

Suspends ta chauve-souris au plafond ou au-dessus d'une porte.

UN MOBILE AVEC DES CHAUVES-SOURIS

IL TE FAUT:

Deux baguettes minces, du fil de fer ou quelque chose de semblable (l'un des morceaux doit être plus court que l'autre), du fil de coton, quatre chauves-souris ou plus.

Attache les baguettes ensemble avec le fil de coton. Les noeuds devraient être au milieu de chaque baguette.

Attache des fils de longueur égale aux deux bouts de chaque baguette.

Fais des chauves-souris plus petites que celles décrites ci-dessus. Fixe-les au fil de coton avec du ruban adhésif.

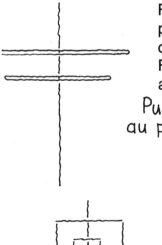

Punaise au plafond

Fils de longueur égale

Dessiner un squelette

Tu peux dessiner un squelette de la dimension que tu veux, sur du papier ou du carton.

La meilleure façon est de peindre un squelette blanc sur du papier foncé.

1. Dessine la ligne du milieu dans le sens de la longueur.

2. Dessine ensuite la ligne du milieu dans le sens de la largeur, puis deux autres lignes de chaque côté, ce qui donnera huit parties égales.

3. Dessine maintenant le squelette (n'appuie pas trop fort). Guide-toi avec les lignes.

4. Ensuite, peins l'intérieur de ton squelette et, lorsqu'il sera bien sec, efface les lignes.

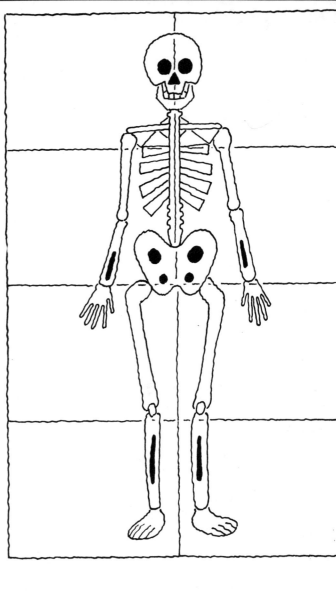

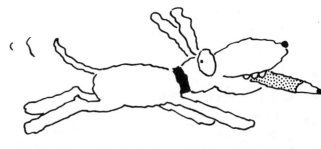

Jouer avec un squelette

Voici deux jeux de groupe amusants

Premier jeu

D'abord, tu dois dessiner ou peindre un squelette avec un bras en moins sur un grand carton ou une grande feuille de papier.

Ensuite, dessine ou peins le bras qui manque sur un carton et découpe-le.

À tour de rôle, on bande les yeux des joueurs qui essaient alors de placer le bras du squelette au bon endroit à l'aide d'une punaise ou de ruban adhésif.

Pour donner des frissons . . .

Découpe un bras et fixe-le avec une attache parisienne; fais-le bouger à l'aide d'un fil attaché à sa main.

Les squelettes sont plus effrayants dans la pénombre, surtout lorsqu'ils bougent.

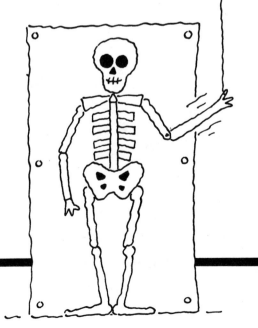

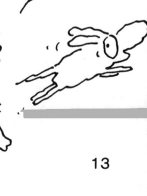

13

Deuxième jeu

Les joueurs reçoivent pêle-mêle les «os» d'un squelette qu'ils doivent assembler correctement aussi vite que possible.

On peut jouer en équipe ou seul; c'est une course contre la montre.

Pour fabriquer ton squelette en pièces détachées, dessine un squelette sur du carton et découpe chaque partie.

Plus il y a de morceaux, plus le jeu devient difficile.

Tu peux aussi t'amuser à créer des squelettes étranges en plaçant les os différemment.

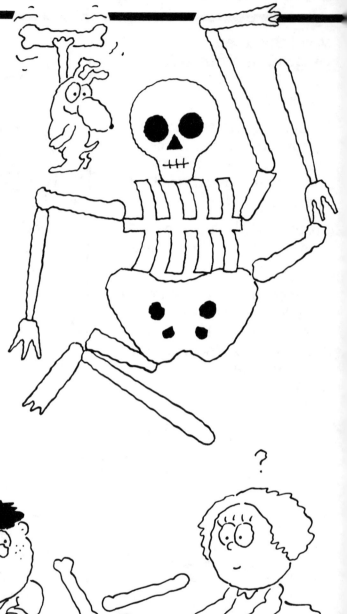

14

Voici comment fabriquer un rat mort

IL TE FAUT:

Du papier journal, de la colle et de la peinture.

Enroule du papier journal en forme de saucisse.

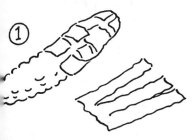

①

Colle des bandes de papier journal autour pour la rendre plus lisse.

②

Façonne le cou en la serrant et en collant des bandes de papier autour.

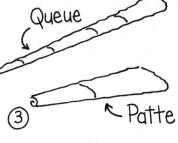

Queue

③

Patte

Enroule des bandes de papier journal pour faire les pattes et la queue. Fixe-les au corps avec des bandes de papier encollé.

④

Découpe les oreilles dans du papier journal et colle-les; fixe-les bien avec d'autres bandes de papier encollé.

⑤

Découpe une ouverture pour la bouche.

Lorsque ton rat sera sec, peins-le d'une vilaine couleur de rat gris-brun.

Yeux infernaux

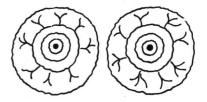

IL TE FAUT:

Deux oignons, un couteau, de la peinture rouge et l'aide d'un adulte.

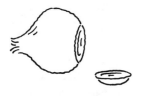

Avec l'aide d'un adulte, coupe l'extrémité de chaque oignon avec un couteau bien aiguisé. Pèle les oignons et mets-les de côté jusqu'à ce qu'ils sentent moins fort.

Ajoute une petite quantité de peinture rouge liquide.

Tu obtiens deux yeux infernaux injectés de sang.

COMMENT UTILISER TES YEUX

Relie les deux yeux avec un bout de fil de fer (un morceau de cintre fera l'affaire).

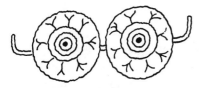

Recourbe les extrémités du fil avec des pinces, si possible.

Marionnette à gant

Recouvre ta main de tissu ou de papier crépon.

Fabrique des oreilles formant des pointes q tu entoureras d'un élastique.

Maintiens les yeux en place avec ta main.

Actionne la bouche avec ton pouce.

Tu peux également fixer les yeux avec du ruban-cache adhésif à l'intérieur de la tête d'un fantôme, d'un crâne, etc.

Crâne humain

IL TE FAUT:

Un ballon gonflé, du papier journal, de la colle, des ciseaux, de la peinture noire et de la blanche. Tu peux aussi utiliser des attaches parisiennes (mais ce n'est pas essentiel). Pour découper le nez, il te faudra peut-être l'aide d'un adulte.

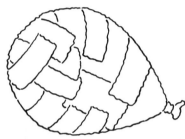

Recouvre le ballon gonflé de quatre couches de bandes de papier encollé, comme à la page 18 pour la tête de fantôme. Quand le papier sera bien sec, enlève le ballon (dégonfle-le avant!).

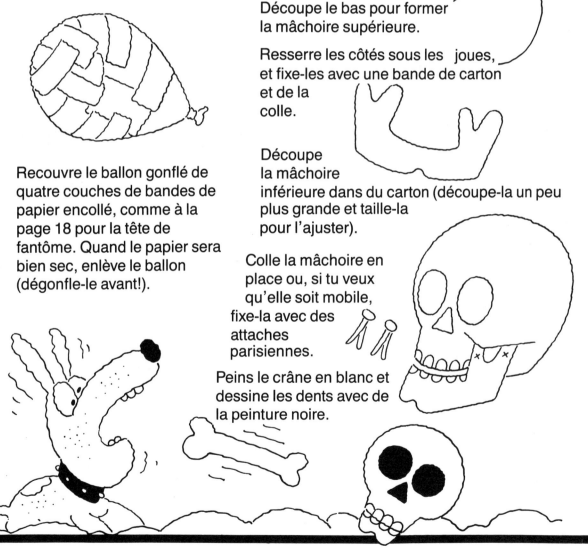

Fais une fente de chaque côté.

Découpe les ouvertures des yeux et du nez.

Découpe le bas pour former la mâchoire supérieure.

Resserre les côtés sous les joues, et fixe-les avec une bande de carton et de la colle.

Découpe la mâchoire inférieure dans du carton (découpe-la un peu plus grande et taille-la pour l'ajuster).

Colle la mâchoire en place ou, si tu veux qu'elle soit mobile, fixe-la avec des attaches parisiennes.

Peins le crâne en blanc et dessine les dents avec de la peinture noire.

Tête de fantôme

IL TE FAUT:

Un ballon gonflé, du papier journal, de la colle, des ciseaux et de la peinture (blanche, noire et rouge). Prends de la colle à tapisserie ou fais un mélange de farine et d'eau.

Découpe le papier journal en bandes que tu tremperas dans la colle. Dispose les bandes sur le ballon (quatre couches suffiront).

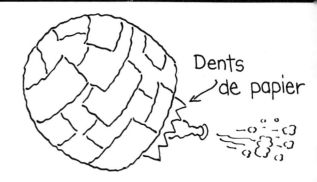

Dents de papier

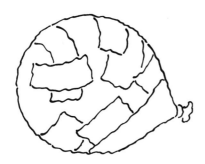

Découpe des crocs de vampire en papier et colle-les.

Laisse sécher le papier, puis dégonfle le ballon pour l'enlever.

Peins toute la tête en blanc. Puis, peins les yeux et le nez en noir ou découpe-les.

Pour donner un petit air macabre à ta tête de fantôme, ajoute quelques taches de sang en peinture rouge.

Taches de sang

Comment utiliser ta tête de fantôme

Épingle la tête à un mur et fabrique-lui des ailes avec du papier crépon ou du tissu.

TU AS ENTENDU PARLER DU SORCIER QUI S'EST TRANSFORMÉ EN ÉLÉPHANT?

OUI, IL S'EST TROMPÉ!

Une tête de fantôme assez grosse peut servir de masque.

Vieux drap

Tu t'amuseras beaucoup avec un fantôme qu'on peut manoeuvrer à distance.

Fais un trou dans la tête de fantôme.

Passe un fil par le trou et attache-le à un cintre.

Accroche un tissu léger ou du papier crépon au cintre.

Punaise plantée dans un mur ou une boiserie

Fil à pêche en nylon

Ombres chinoises terrifiantes

Ta famille et tes amis frémiront d'horreur en voyant ce spectacle bien spécial.

Suspends un drap avec une ficelle et des épingles à linge.

Tu peux attacher la ficelle entre deux balais bien fixés à des chaises.

Installe une lampe à environ 1 mètre derrière le drap et allume-la.

Éteins les autres lumières de la pièce.

Et maintenant, c'est au tour des comédiens de faire des ombres chinoises sur le drap.

Voici une vue de côté.

1 m

Public   Drap   Comédiens

Voici quelques idées pour le spectacle d'ombres chinoises

1. Tu peux opérer un patient et retirer des parties de son corps.

2. Tu peux jouer le rôle d'un monstre qui s'anime peu à peu.

3. Tu peux aussi charmer un serpent (et même te faire mordre!)

Découpe des formes dans du carton et utilise-les pour faire les ombres chinoises (un coeur, des chauves-souris, et même un squelette).

Zombi

Fabriquer un zombi est aussi facile que de fabriquer un épouvantail. Tu peux simplement rembourrer de vieux vêtements avec du papier journal et ajouter une tête. Cependant, plus ton zombi aura l'air vivant, plus il sera effrayant. Voici comment fabriquer un zombi presque plus vrai que nature.

IL TE FAUT:

Pour la tête, regarde à la page 25 et fais une tête macabre, ou utilise un collant, du papier journal, du carton et un masque.

Pour le corps, utilise du papier journal, de la ficelle, cinq baguettes ou morceaux de bambou, du ruban-cache adhésif, des gants de caoutchouc, de longues chaussettes et de vieux vêtements.

Tu peux fabriquer la tête comme on le montre à la page 25 ou encore en remplissant un vieux collant avec du papier journal.

Attache ensuite la ficelle autour de la taille et des jambes du collant. Laisse une bonne longueur de ficelle pour attacher la tête au corps.

Pour faire le cou, prends un rouleau de carton ou un journal enroulé.

Place un masque sur la tête.

Fabrique l'armature du corps avec des baguettes ou des morceaux de bambou attachés ensemble. La baguette du centre doit être plus longue pour pouvoir supporter la tête.

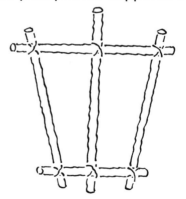

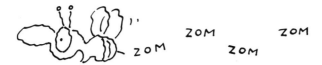

ZOM ZOM ZOM ZOM ZOM

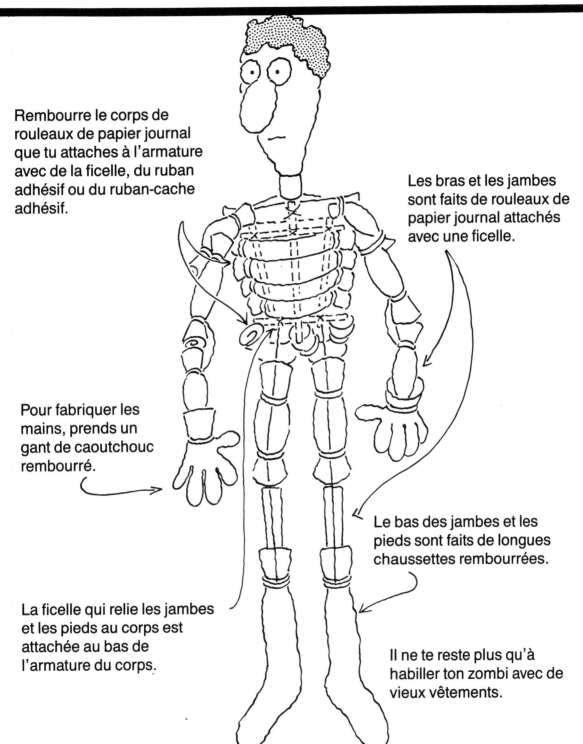

Rembourre le corps de rouleaux de papier journal que tu attaches à l'armature avec de la ficelle, du ruban adhésif ou du ruban-cache adhésif.

Les bras et les jambes sont faits de rouleaux de papier journal attachés avec une ficelle.

Pour fabriquer les mains, prends un gant de caoutchouc rembourré.

Le bas des jambes et les pieds sont faits de longues chaussettes rembourrées.

La ficelle qui relie les jambes et les pieds au corps est attachée au bas de l'armature du corps.

Il ne te reste plus qu'à habiller ton zombi avec de vieux vêtements.

Quelques bonnes idées pour utiliser ton zombi

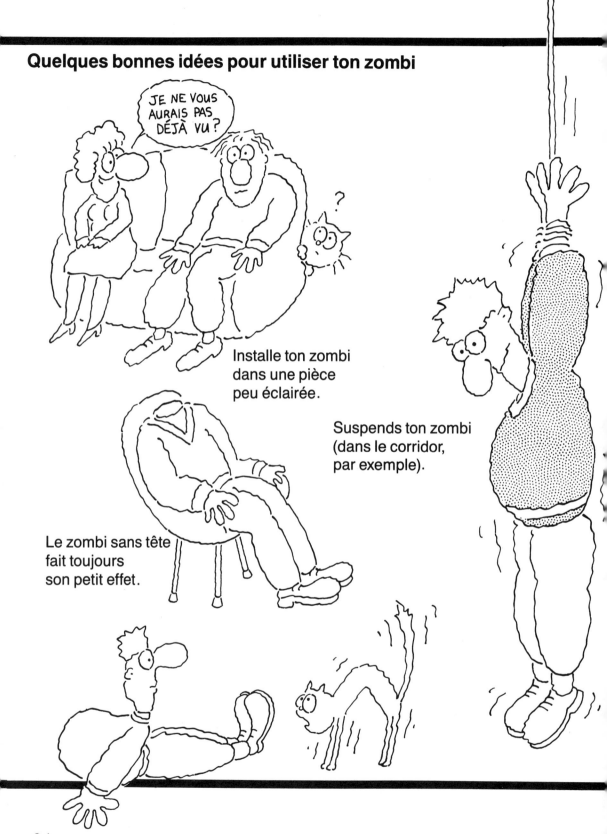

Installe ton zombi dans une pièce peu éclairée.

Suspends ton zombi (dans le corridor, par exemple).

Le zombi sans tête fait toujours son petit effet.

24

Tête macabre

Si tu peux trouver dans un magasin une boule de polystyrène en forme de tête, tu n'auras qu'à la peindre et y coller de la laine en guise de cheveux.

Voici une autre façon de fabriquer la tête.

IL TE FAUT:

Un ballon gonflé, du papier journal, de la colle, des ciseaux, du carton, de la peinture et de la laine pour les cheveux.

1. Recouvre le ballon gonflé de quatre couches de papier journal (voir la tête de fantôme à la page 18).

2. Fabrique le cou en faisant un tube avec du carton. Colle le cou à la tête.

3. Relie la tête au cou avec des bandes de papier journal encollé.

4. Colle des bandes de carton pour faire le nez, le menton et les joues. Construis les formes du visage avec des bandes de papier journal encollé.

5. Lorsque la tête sera sèche, peins les traits du visage. Tu peux remplir le tube du cou avec du papier et le peindre.

6. Tu peux coller de la laine pour faire les cheveux.

L'exécution

Découpe le billot dans du carton. Tu peux l'appuyer contre une pile de livres pour le tenir en place.

Peins le billot en gris et ajoute de la peinture rouge sang sur le cou de la tête et sur la lunette du billot.

Pour fabriquer la hache, regarde à la page 40.

Taches de sang

Cercueil à glacer le sang

Pourquoi ne pas fabriquer un cercueil?

Un cercueil, c'est l'endroit idéal pour conserver un squelette, un fantôme ou toutes les autres choses horribles que tu peux fabriquer.

Si tu veux, tu peux même en fabriquer un assez grand pour y installer ton zombi.

Quelques suggestions horribles

Relie le couvercle à la tête du fantôme par un fil: le fantôme se projettera hors du cercueil lorsqu'on ouvrira le couvercle.

Fixe cette partie du fantôme au couvercle.

Fixe cette partie du fantôme au couvercle.

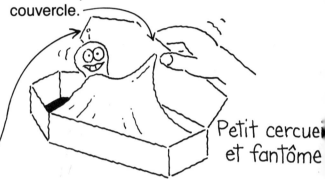

Petit cercueil et fantôme

Tu peux aussi utiliser du fil de nylon invisible pour attacher ton fantôme au couvercle.

Chauves-souris suspendues

Lampe de chevet

Mise en scène macabre

POUR FABRIQUER UN CERCUEIL, IL TE FAUT:

Du carton et du ruban adhésif
(prends-en du large, si possible),
ou encore des bandes de papier
encollé.

Tu peux fabriquer un grand
cercueil à partir d'une vieille boîte
de carton. Demande de l'aide si tu
as de la difficulté à la découper.

Dessine le fond et le couvercle sur
le carton et découpe-les.

Le fond et le couvercle ont la
même forme, mais tu dois tailler le
couvercle un peu plus grand.

Si ton carton n'est pas assez
grand, taille les formes en
deux morceaux et colle-les
avec du ruban adhésif.

Découpe de longues bandes
de carton pour faire les côtés,
plie-les pour les ajuster au
fond; si elles sont trop
longues, découpe ce qui
dépasse.

Colle les côtés au fond du cercueil
avec du ruban adhésif.

Maintenant, fixe le couvercle à un des
côtés avec du ruban adhésif.
Assure-toi que le cercueil ferme bien.

Tu peux peindre ton cercueil.

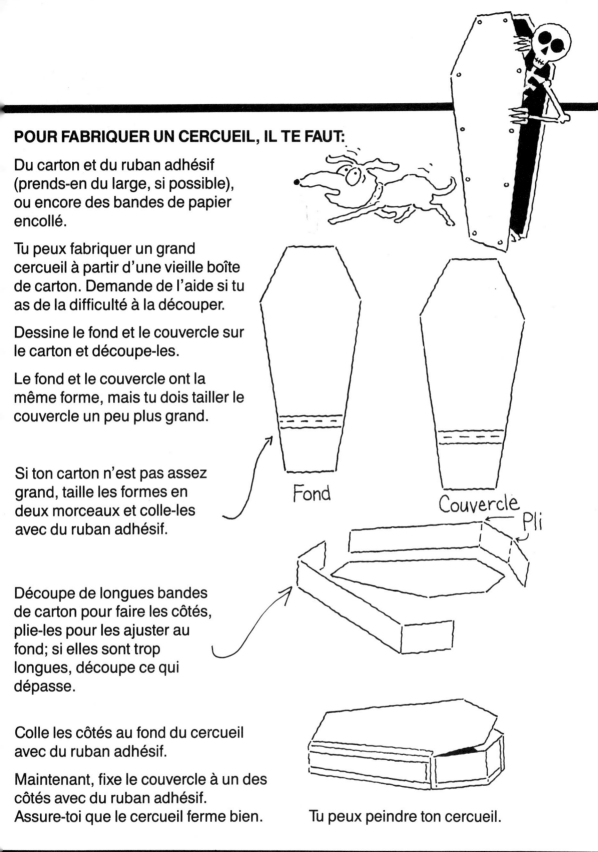

Fond

Couvercle

Pli

Main horrible

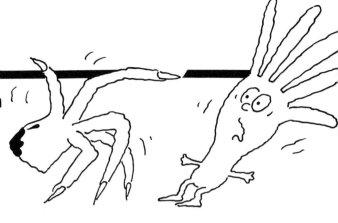

Comment fabriquer une main qui donne la chair de poule

IL TE FAUT:

Du fil de fer, du papier journal et de la colle, ou encore du fil de fer et du ruban-cache adhésif, un peu de carton et de la peinture (couleur chair et rouge). Tu pourras trouver du fil de fer spécial dans les magasins de jouets et d'artisanat.

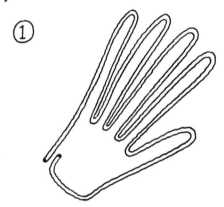

①

Plie le fil de fer pour lui donner la forme d'une main assez fine.

Rembourre chaque doigt d'un petit rouleau de papier journal.

②

Recouvre le fil de fer et le rembourrage de bandes de papier journal encollé ou de ruban-cache au fini mat.

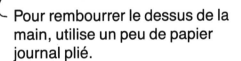

Pour rembourrer le dessus de la main, utilise un peu de papier journal plié.

③

Taches de sang

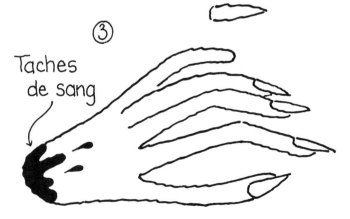

Découpe des ongles dans du carton et colle-les.

Plie la main pour lui donner la forme de ton choix, et laisse-la sécher. Ensuite, peins-la, et n'oublie surtout pas les taches de sang!

Quelques suggestions horribles

Tire la main avec un fil de nylon invisible.

Fixe une feuille de papier au mur.

Écris un message horrible avec de la peinture rouge.

Accroche la main à la feuille avec une punaise ou du ruban adhésif.

Fixe la main à tes vêtements.

Le jeu horrible

Plie la main de façon qu'elle pointe du doigt.

Demande à tes amis de s'asseoir autour de la main.

Fais-la tourner doucement. Elle pointera vers sa victime lorsqu'elle s'arrêtera.

Dis à tes amis que si la main pointe vers quelqu'un trois fois de suite, quelque chose d'horrible lui arrivera.

Tu peux aussi inventer tes propres règles.

Punaise au plafond

Fil de coton ou de nylon

La main peut tourner sur elle-même

Pied effrayant

Le pied effrayant se fabrique de la même façon que la main horrible (page 28).

Plie le fil de fer pour lui donner la forme d'un pied assez fin.

Plie-le à la cheville.

Utilise du papier journal pour rembourrer le pied, et recouvre-le de bandes de papier journal encollé, comme pour la main.

Laisse sécher le pied, puis peins-le.

Tu peux peindre un pied de squelette en noir avec de la peinture blanche pour les os, ou te faire un troisième pied que tu peins de couleur chair et auquel tu ajoutes des ongles d'orteil.

Bras et jambe de squelette

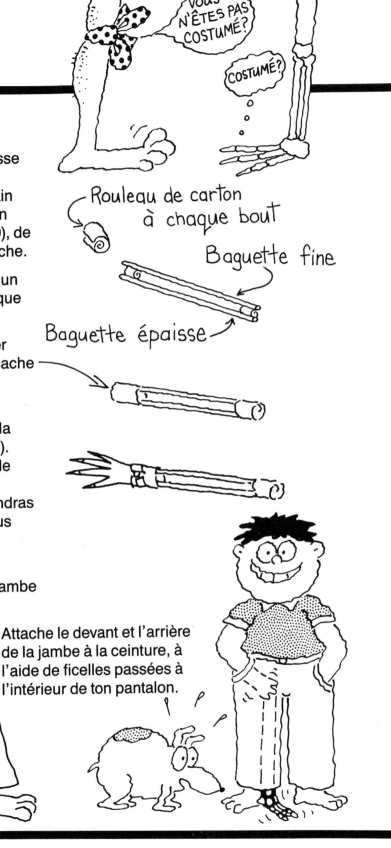

IL TE FAUT:

Deux baguettes de la même longueur, mais une plus épaisse que l'autre, du carton, du ruban-cache adhésif, une main horrible (voir la page 28) ou un pied effrayant (voir la page 30), de la peinture noire et de la blanche.

Sépare les deux baguettes d'un petit rouleau de carton à chaque bout.

Enroule des bandes de papier journal encollé ou du ruban-cache adhésif autour de chaque extrémité.

Laisse sécher et fixe ensuite la main horrible (voir la page 28). Lorsque tout sera sec, peins le bras: le bras et le poignet en blanc, la main en noir (tu peindras les os de la main en blanc plus tard).

Pour faire la jambe, refais les mêmes opérations et fixe la jambe au pied.

Attache le devant et l'arrière de la jambe à la ceinture, à l'aide de ficelles passées à l'intérieur de ton pantalon.

(Légendes dans l'illustration:)
VOUS N'ÊTES PAS COSTUMÉ?

COSTUMÉ?

Rouleau de carton à chaque bout

Baguette fine

Baguette épaisse

Squelette

Tu peux fabriquer un squelette de la taille que tu désires.

Pour obtenir les proportions exactes des différentes parties du corps, mesure ton propre corps.

Avant de commencer, lis toutes ces instructions très soigneusement.

1. Attache les trois bâtons ensemble. Taille une bande de carton et colle-la au bâton pour la colonne vertébrale.

2. Ici, tu colles un sternum en carton.

3. Pour fabriquer les côtes, colle des bandes de carton pliable entre la colonne vertébrale et le sternum. Donne-leur une forme arrondie comme sur l'illustration.

IL TE FAUT:

Un crâne, des mains et des pieds (voir les pages 28 et 30), trois baguettes ou bâtons de bambou, du carton épais et pliable, des ciseaux et de la ficelle.

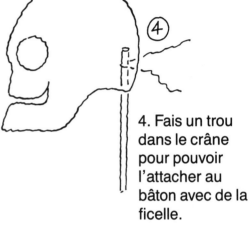

4. Fais un trou dans le crâne pour pouvoir l'attacher au bâton avec de la ficelle.

5. Découpe le bassin dans du carton fort (dans une boîte de carton, par exemple).

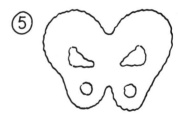

6. Découpe les omoplates dans du carton.

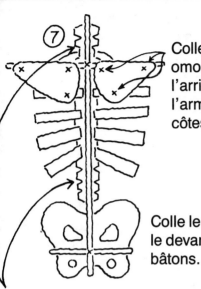

Colle les omoplates ici, à l'arrière de l'armature et aux côtes supérieures.

(Tu peux renforcer l'os de la cuisse en insérant un bâton au milieu du rouleau de papier journal. Si tu fais un squelette plus petit, tu peux simplement utiliser une baguette au lieu du rouleau de papier journal.)

Colle le bassin sur le devant des bâtons.

7. Découpe des crans dans le haut et le bas de la colonne vertébrale. Fabrique les os des avant-bras et des cuisses comme ceci:

8. Roule un journal bien serré.

9. Renforce les deux bouts avec du papier mâché ou du ruban-cache adhésif. Replie-les et attache-les avec de la ficelle.

10. Laisse un bout de ficelle.

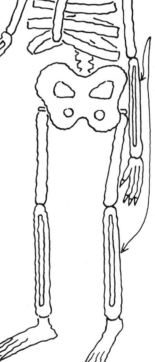

Pour fabriquer ces os, ces mains et ces pieds, consulte les pages 28 et 30.

11. Attache tous les os ensemble à l'aide de ficelle. Cache les noeuds avec du papier mâché ou du ruban-cache adhésif.

12. Peins ton squelette avec de la peinture blanche.

Figures d'épouvante

IL TE FAUT:

Du carton, des agrafes ou de la colle, du papier journal, de la colle, des ciseaux ou un couteau bien aiguisé et de la peinture.

Découpe du carton mince en longues bandes. Fixe les bandes autour de ta tête, comme sur l'illustration, pour mesurer la longueur nécessaire.

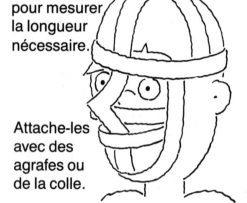

Attache-les avec des agrafes ou de la colle.

Pour retirer facilement ton masque, fixe les bandes le long de ta mâchoire et non pas sous ton menton.

Retire le masque. Recouvre-le de bandes de carton.

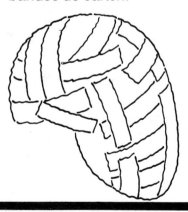

Recouvre ensuite le masque de bandes de papier journal encollé (trois couches suffiront) et laisse-le sécher.

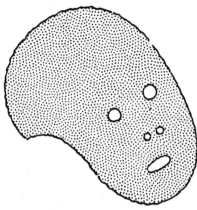

À l'aide de ciseaux d'un couteau bien aiguisé, perce des trous pour les yeux, les narines et la bouche. Il se peut que tu aies besoin d l'aide d'une grande personne.

Pour ajouter des bosses ou des cornes, prends des boules de papier journal ou des morceaux de carton enroulé et recouvre-les de papier journal encollé.

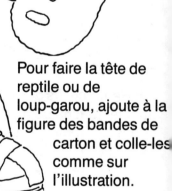

Pour faire la tête de reptile ou de loup-garou, ajoute à la figure des bandes de carton et colle-les comme sur l'illustration.

Recouvre-les ensu de papier journal.

Lorsque ton masque sera sec, peins-le.

Quelques suggestions horribles

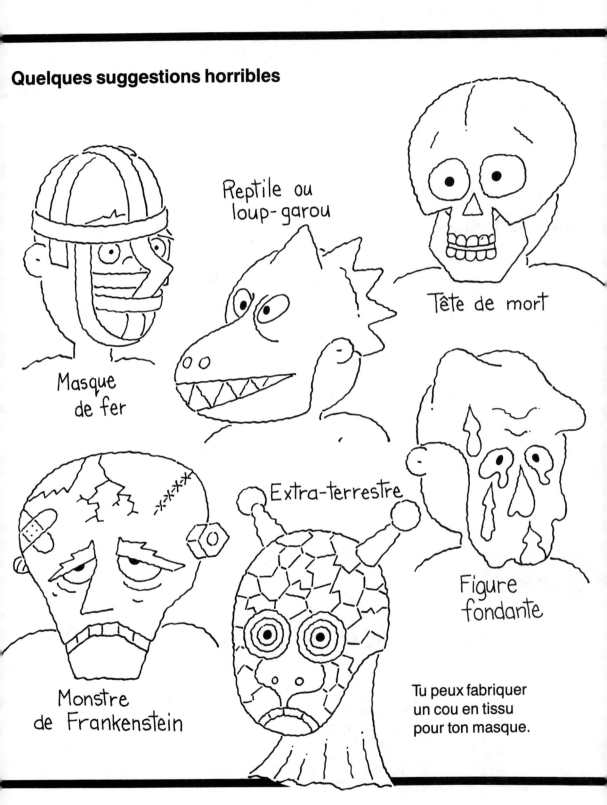

Masque
de fer

Reptile ou
loup-garou

Tête de mort

Monstre
de Frankenstein

Extra-terrestre

Figure
fondante

Tu peux fabriquer
un cou en tissu
pour ton masque.

Fête des horreurs

Pourquoi ne pas organiser une fête des horreurs chez toi et inviter quelques amis. Une fête monstrueusement amusante où tout le monde se déguise avec son costume le plus horrible? (Tu trouveras des idées de costumes dans les pages suivantes.)

Toi et tes invités, vous pouvez jouer à des jeux horribles comme les Sensations fortes (page 4) et le Jeu du squelette (pages 13 et 14).

Tu peux préparer quelques effets horriblement spéciaux pour donner une bonne frousse à tes invités (pages 43 et 44).

Enfin, sers à tes amis des plats dégoûtants (pages 45 à 48)!

Déguisements horribles

Il est très facile de se fabriquer un costume effrayant. Par exemple, un drap ou une ample chemise peuvent te transformer en fantôme.

Figures effrayantes

Pour fabriquer une perruque, utilise de la laine ou du papier crépon découpé en bandes.

Tu peux peindre ton visage avec des peintures spéciales que tu peux trouver au magasin, ou bien tu peux te maquiller.

Dans les pages suivantes, tu trouveras de bonnes idées de déguisements horribles.

La personne sans tête

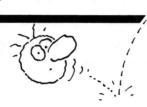
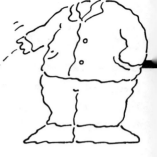

Demande à quelqu'un beaucoup plus grand que toi de te prêter une grande chemise ou un chandail.

Enfile-le et rembourre les épaules avec de vieux vêtements.

Couvre ta tête avec un morceau de tissu mince à travers lequel tu peux voir.

Ensuite, mets un grand veston ou un imperméable.

Tu peux transporter sous ton bras une tête que tu auras fabriquée comme à la page 25.

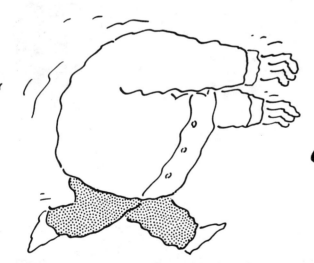
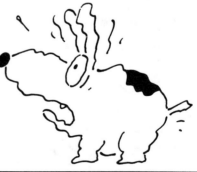

38

Le vampire

Pour fabriquer les crocs du vampire, prends une bouteille de plastique blanc (comme un contenant de savon vide).

Découpe les crocs (tu peux y peindre des taches de sang).

Fais-toi une cape avec du tissu ou du plastique (par exemple, un sac à déchets noir).

IL N'Y A RIEN DE PIRE!

Attache la cape à tes vêtements avec des épingles de sûreté.

Les fantômes

Blanchis ta figure et tes mains avec de la poudre de talc ou de la farine.

Mets des vêtements blancs et un voile blanc sur la tête.

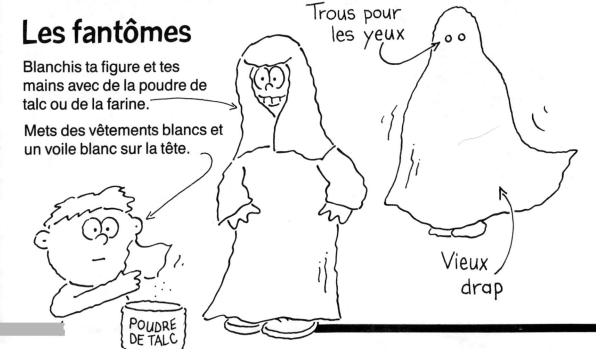

Trous pour les yeux

Vieux drap

POUDRE DE TALC

Le bourreau

IL TE FAUT:

Pour le masque : du carton, un élastique et de la peinture noire.
Pour la hache : du carton, de la ficelle, du ruban adhésif, un manche de balai, de la peinture rouge et de la grise.

Découpe la lame de la hache dans du carton fort.

Fixe la lame de la hache à la poignée avec de la colle et de la ficelle ou avec du ruban adhésif.

Peins la lame en gris.

Manche de balai ou bâton

Taches de sang peintes à la peinture rouge

MAIS IL PERD LA TÊTE

Masque noir

Vêtements noirs ou foncés

JE CROIS QUE MA TÊTE EST MISE À PRIX

Le diable

IL TE FAUT:

Du carton, de la colle, de l'élastique, de la corde ou du tissu pour faire la queue, des agrafes.

Pour les cornes, fabrique deux cônes en enroulant du papier fort.

Perce deux trous dans chaque corne et fais passer l'élastique par les trous.

Ajuste les cornes sur ta tête avec l'élastique.

Découpe la fourche dans du carton, colle-la ou attache-la à un bâton.

Fabrique la queue avec de la corde ou une bande de tissu.

Découpe la pointe de la flèche dans du carton et agrafe-la ou colle-la au bout de la queue.

Élastique

La momie

Demande à un ou une de tes ami(e)s de t'envelopper dans des bandages ou dans des bandelettes fabriquées avec un drap découpé en lanières.

Laisse des fentes pour les yeux et la bouche.

Attache les extrémités des bandelettes avec des épingles de sûreté.

Ajoute d'affreuses taches de moisissure avec de la peinture gris-vert.

La sorcière ou le sorcier

IL TE FAUT:

Pour faire le chapeau et les cheveux: du carton, de la colle ou du ruban adhésif, du plastique noir ou du papier noir.

Fabrique un cône avec un grand carton ou du papier et fixe-le avec de la colle ou du ruban adhésif.

Découpe le rebord du chapeau dans du papier fort ou du carton.

Assure-toi que le chapeau est de la bonne grandeur.

Mets de la colle.

Attache le rebord à l'intérieur du cône.

Taille le bord du cône.

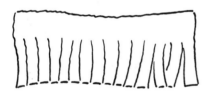

Pour fabriquer les cheveux, fais une frange dans du plastique noir ou du papier noir et colle-la à l'intérieur du chapeau avec du ruban adhésif.

Tu peux décorer ton chapeau en y collant des étoiles et un croissant de lune.

Pour faire le balai, attache des petites branches à un manche de balai ou à un bâton.

Effets horriblement spéciaux

La lumière tamisée

La lumière tamisée donne une allure particulièrement effrayante aux effets horriblement spéciaux ou à une fête des horreurs.

Tu peux déposer une lampe de chevet près du sol.

Tu peux aussi demander à un adulte de mettre une ampoule de faible intensité. Ou encore, tu peux recouvrir l'abat-jour avec du papier de cellophane rouge et bleu ou avec un morceau de tissu.

Demande à un adulte de vérifier si le cellophane ou le tissu n'est pas trop près de l'ampoule.

Tu peux trouver au magasin des ampoules de couleur ou des ampoules qui clignotent.

Tu peux produire des sons bizarres de plusieurs façons:

Souffle au-dessus d'une bouteille vide

Bruits de pas
Cris horribles
Grognements affreux
Agite des chaînes
Agite des clés

Tu peux enregistrer des bruits sur un magnétophone; tu le caches ensuite et tu fais jouer la bande.

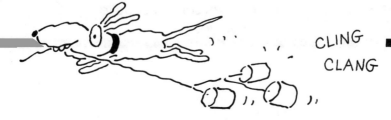

CLING
CLANG

D'autres idées effrayantes

Avec une épingle ou du ruban adhésif, attache des formes en papier crépon au plafond pour créer des ombres bizarres. Assure-toi que le papier ne touche pas la lampe.

Épingle

Fil de coton

Épingle plantée au plafond ou dans une boiserie

Élastique fin

Chauve-souris

Fil de nylon attaché sous la chauve-souris

Attache un bout de fil de coton ou de fil à pêche au plafond ou dans l'encadrement de la porte. Si on ne peut pas le voir, on croira que c'est une toile d'araignée.

Si tu attaches un petit poids (comme une punaise) à un fil suspendu à l'extérieur d'une fenêtre, tu pourras entendre d'étranges sons lorsque le vent souffle.

Plats dégoûtants

LIMACES FRAÎCHES

Les plats dégoûtants sont amusants à faire . . . et à manger aussi.

En fait, tu prends des aliments ordinaires, mais tu leur donnes des formes et des couleurs affreuses.

Demande l'aide d'une grande personne pour préparer ces plats.

Tu trouveras ici quelques idées, mais tu peux inventer tous les plats dégoûtants que tu veux!

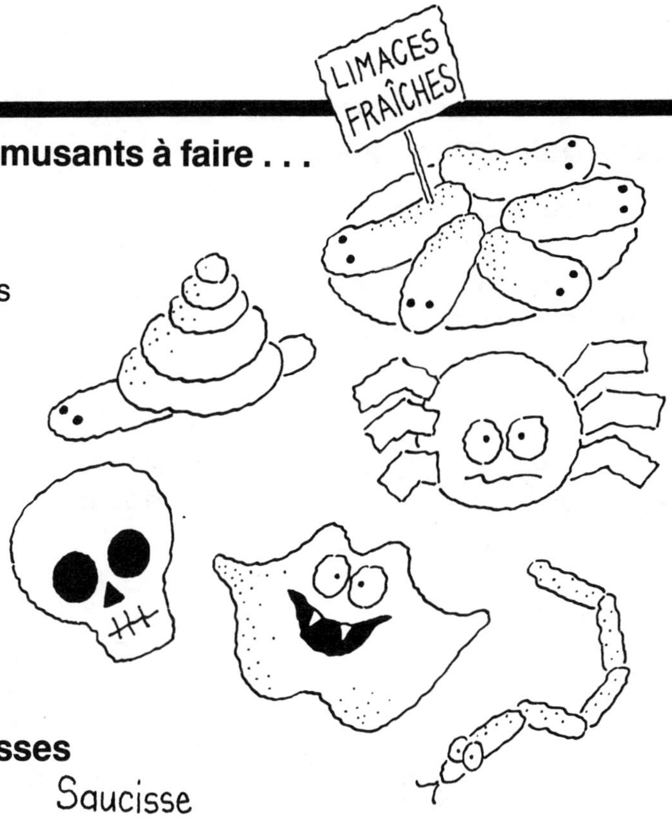

Reptile ou serpent en saucisses

Il te faut des saucisses cuites.

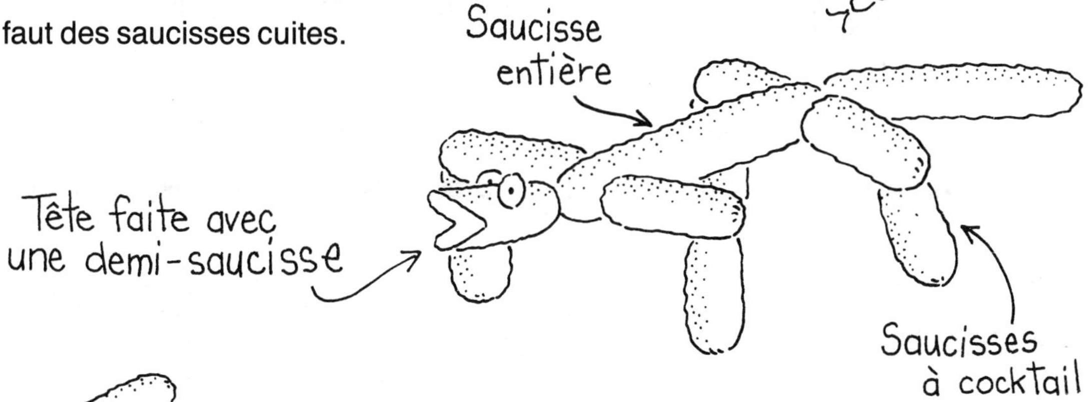

Saucisse entière

Tête faite avec une demi-saucisse

Saucisses à cocktail

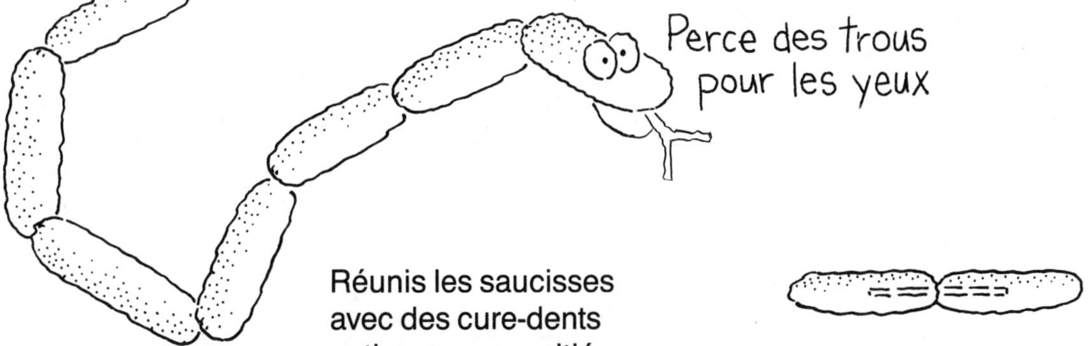

Perce des trous pour les yeux

Réunis les saucisses avec des cure-dents entiers ou en moitiés.

Escargots et limaces

Coupe des saucisses à cocktail en deux dans le sens de la longueur pour obtenir deux limaces.

Perce des trous pour les yeux.

Fais un serpentin avec de la pâte pour fabriquer les coquilles d'escargot, presse pour bien les faire adhérer aux saucisses.

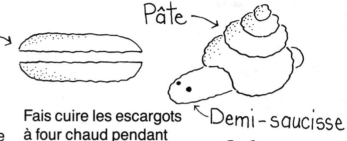

Pâte

Fais cuire les escargots à four chaud pendant 10 à 15 minutes.

Demi-saucisse

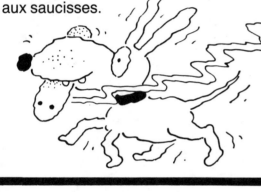

LIMACES FRAÎCHES

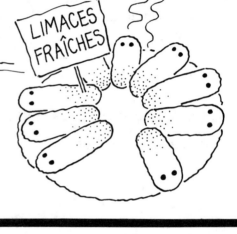

Pommes de terre pourries

Ajoute du colorant alimentaire noir à des pommes de terre en purée pour leur donner un aspect grisâtre tout à fait dégoûtant. Sers-les avec un serpent en saucisses.

Pour donner des frissons à tes invités, tu peux aussi ajouter du colorant noir, vert ou violet à des gâteaux ou à des boissons.

POTION VERTE

Biscuits terrifiants

IL TE FAUT:

1 tasse
(250 mL)
de farine

1/2 tasse
(125 mL)
de margarine ou
de beurre

1/2 tasse
(125 mL)
de sucre

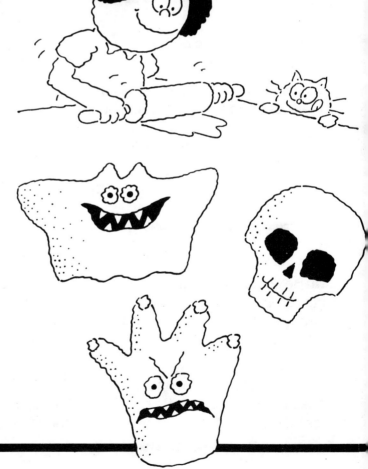

Lorsque la margarine ou le beurre est bien ramolli, ajoute les autres ingrédients et mélange bien le tout.

Avec le rouleau à pâte, fais une galette.

Découpe la pâte et donne-lui la forme de chauves-souris, de têtes de mort ou d'autres choses affreuses.

Pour les yeux et la bouche des chauves-souris, utilise des raisins secs. Pour les crânes, découpe les yeux et le nez et dessine la bouche avec un objet pointu.

Dépose tes biscuits sur une lèchefrite graissée et fais-les cuire 25 minutes à four moyen.

Araignées au fromage

Pour six araignées
de la grosseur d'une noix.

IL TE FAUT:

1 tasse
(250 mL)
de farine

1/2 tasse
(125 mL)
de matière grasse

1 jaune d'oeuf

une pincée de sel
et de poivre

1/2 tasse
(125 mL)
de fromage
finement râpé

1 cuillerée à soupe
(15 mL)
d'eau

Tout d'abord, écrase la matière
grasse avec une fourchette pour la
ramollir.

Ensuite, mélange bien la matière
grasse avec la farine.

Ajoute tous les autres ingrédients,
mélange-les bien et forme une boule
de pâte aplatie.

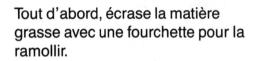

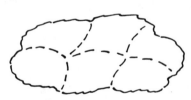

Divise la pâte en six morceaux,
puis divise chaque morceau en
deux (un morceau pour le corps
et un pour les pattes).

Roule chaque boule de pâte en
un mince rouleau et coupe
chaque rouleau en quatre pour
les pattes.

Réunis les pattes de chaque
araignée; façonne une boule
avec la pâte pour le corps et fixe
les pattes (tu verras qu'il est
plus facile de fixer quatre pattes
que huit).

Fais cuire tes araignées à four
chaud pendant 10 minutes.